Fachwissenschaftliche Einordnung und didaktische Relevanz

Epochenbegriff

In Lehrplänen und Schulbüchern ist als Epochenbegriff für die Zeitspanne zwischen dem Ende der Religionskriege und der Französischen Revolution der Begriff „Absolutismus" gebräuchlich, einschließlich der damit verbundenen Vorstellung vom „alles beherrschenden, alles reglementierenden, auf fürstliche Macht gebauten Willkürstaat mit prachtvoller Fassade" (Wrede).

Der Titel des Bandes „Barock und Aufklärung" übernimmt dagegen einen – ebenfalls nicht unstrittigen – Epochenbegriff, wie er etwa von Heinz Duchhardt vertreten wird.

Die Gründe dafür sind, dass – erstens – die Bezeichnung „Absolutismus" eine Herrschaftsform fokussiert, die mehr programmatischer Anspruch als Wirklichkeit war und die nicht als neues, einheitliches oder gleichzeitiges gesamteuropäisches Phänomen der Epoche gelten kann. Zweitens entstammt der Begriff der Publizistik des 19. Jahrhunderts, die ihn als Vorwurf gegen die eigene Obrigkeit meinte. Später wurde die Epochenbezeichnung von preußenfreundlichen Historikern beibehalten, um dem Machtstaat Preußen eine Kontinuität zu verleihen und seine Großmachtstellung auf Durchsetzungsfähigkeit und persönliche Qualitäten der preußischen Herrscher zurückführen zu können (Duchhardt 2007:2, 5). Das Begriffspaar „Aufklärung und Barock" nimmt außerdem breitere Bereiche der politischen und menschlichen Kultur in den Blick. Für den Titel des Moduls A wird der Begriff „absolute Herrschaft" benutzt – allerdings in einem relativierenden Kontext. Die Sensibilisierung für die Bezeichnung wird im Unterrichtsmaterial aufgegriffen.

Relevante Aspekte und Zusammenhänge und ihre didaktische Funktion

Der erste Schwerpunkt dieses Heftes (Modul A – Anspruch und Wirklichkeit absoluter Herrschaft) kann zur o. g. wichtigen Erkenntnis für Schüler/innen beitragen: „Der Absolutismus" war mehr Tendenz als Tatsache und besaß unterschiedliche Ausprägungen. Demgegenüber steht das Klischee des absoluten Herrschers, das auch in der Geschichtskultur gern transportiert wird und deshalb den lebensweltlichen Aufhänger und Auftakt des Moduls (M1) bildet. Die staatstheoretischen Begründungen greifen das Idealbild auf (M2-M4): Hobbes, Bodin und Bossuet legitimieren eine (auch durch die Wirren der Kriege erwünschte) starke, fast unbeschränkte Zentralgewalt, die nur an das Naturrecht bzw. göttliches Recht gebunden ist. Bereits im eigenen Herrschaftsanspruch unterscheiden sich aber Ludwig XIV. und Friedrich II. (M5, M6).

Die Grenzen der Durchsetzung absolutistischer Herrschaft zeigen sich auf unterschiedlichen Ebenen: Ludwig XIV. gelang die Einbindung der katholischen Kirche für seine Interessen nur eingeschränkt, auf Berater konnte er nicht verzichten. Ebenso wenig war sein „Apparat" radikal zentralistisch und effizient, konnte er doch alte ständische Institutionen nicht einfach ersetzen und verdrängen. Diese Aspekte werden im Material zur Erarbeitung der sog. „Säulen des Absolutismus", insbesondere im Abschnitt zu den Provinzialständen und Parlements, aufgegriffen. Aber z. B. auch die Reformen Zar Peters I. (M7) stießen auf Widerstände. Die Erkenntnis des „Nichtabsolutistischen" im „Absolutismus" (Duchhardt 2007:2, 6) gilt es nicht nur in Bezug auf die o. g. Forschungsdebatte anzubahnen. Sie ist darüber hinaus für das historische Lernen als solches eine exemplarische Erkenntnis. Dennoch ist diese Uneindeutigkeit für jüngere Schüler/innen auch eine Zumutung. Das beliebte Säulenmodell zum Absolutismus zementiert zwar einerseits die Vorstellung des „Durchregierens", ist aber andererseits zu Recht ein „Klassiker", weil es für Schüler/innen eine wichtige Strukturierungshilfe anbietet. Es wird aus diesem Grund in der Gruppenarbeit zum französischen Absolutismus (Sicherungsphase) auch nicht unterschlagen, sondern mit der Aufgabe versehen, es zu erweitern und zu reflektieren (und damit auch Gattungskompetenz anzubahnen). Der Multiperspektivität kann in diesem Rahmen auf der Quellenebene nur im Ansatz Rechnung getragen werden: zum einen – räumlich – durch knappe Schlaglichter auf die Umsetzung des Absolutismus in Russland (M7) und Preußen (M8); zum anderen – sozial – durch den Ausschnitt aus dem Bericht eines Rekruten in der Armee Friedrichs II. (M9).

Die Zeit für Schüler/innen sichtbar und erlebbar überdauert haben vor allem die repräsentativen Bauten und andere kulturelle Manifestationen des Barock (Modul B). In der streng geometrischen Anordnung von architektonischen Elementen und der neuen Disziplin Gartenbau deutet sich der wissenschaftsorientierte „Geist der Zeit" an. Dieser war für den fürstlichen Herrschaftsanspruch durchaus funktional, z. B. indem er einerseits durch eine streng zentralperspektivische Schlossanlage auf den Fürsten verwies (Duchhardt 2007:1, 83). Dessen Repräsentationsbedürfnis zeigte sich andererseits in der Anreicherung mit Formen, Farben und verspielten Ornamenten. Der Barock als Kunststil vereint insofern scheinbare Gegensätze. Die „Lebendigkeit" und Reichhaltigkeit des Kunststils ist auch als ein Reflex auf die Nüchternheit des konfessionellen Zeitalters zu verstehen: In barocken Kirchen zeigt sich eine Lust an lebendiger Darstellung biblischer Inhalte. Insbesondere die Themen Tod und Vergänglichkeit werden im Barock anschaulich verarbeitet (M10). Ein weiterer lebensweltbezogener Aspekt wird schließlich mit dem Thema Mode (M11) aufgegriffen.

Schlösser, an denen man zum einen den Herrschaftsanspruch ihrer Auftraggeber ablesen kann, sind hier zunächst in der idealtypisch angelegten Residenzstadt Karlsruhe (M12) repräsentiert. Barocke Anlagen in ihrer Vielfalt stehen aber auch für die Strahlkraft der französischen Hofkultur überall in Europa (Rechercheaufgabe). Interessant an der Residenzstadt Karlsruhe mag darüber hinaus die Verknüpfbarkeit mit Liselotte von der Pfalz (M13) sein. Ihre Berichte stehen hier aber vor allem als knappe Illustration und Konkretisierung des barocken Lebens am Hof Ludwigs XIV.

Der Aufklärung widmen sich die Darstellungen und Quellen im Modul C. Mit ihren mannigfaltigen Orten, Protagonisten, Inhalten und Kommunikatoren, also ihrer Öffentlichkeit, ist sie prägend für die Entstehung modernen Denkens und damit für die Gegenwart konstitutiv. Die Prinzipien Vernunft, Mündigkeit, Toleranz, Öffentlichkeit, das System der Wissenschaften und die wissenschaftlichen Verfahren haben seit der Zeit der Aufklärung nicht an Gültigkeit verloren. Andererseits bergen die Möglichkeiten des Internets und der Digitalisierung durchaus auch Gefahren für Mündigkeit, Demokratie und Toleranz.

Eine systematische Darstellung der (Staats-)theoretiker der Aufklärung erscheint für die in dieser Reihe fokussierte Sekundarstufe I nicht sinnvoll. Es werden vielmehr allgemeine und für junge Schüler/innen leichter nachvollziehbare Ideen und Ideale der Aufklärung (M14-M17) aufgegriffen. Schlaglichtartig soll dabei auch die Allmählichkeit der Entwicklung in den Blick genommen werden (M18): Die Verdeutlichung der „Gleichzeitigkeit des Ungleichzeitigen" ist die Voraussetzung für ein differenziertes Zeit- und Wandelbewusstsein. Den Bezug zu Herrschaft/Absolutismus stellen die Quellen M19 bis M21 her. Hierbei soll die „Aufgeklärtheit" der Herrscher auch kritisch hinterfragt werden.

Im nächsten Schritt wird danach gefragt, welche Medien und Gruppen diese Gedanken verbreiteten (M22-M24). Wichtig ist die ständetranszendierende Anlage neuer „Kommunikationsplattformen" wie der Lesezirkel und der Salons, um die Rolle des sich langsam emanzipierenden Bürgertums wahrzunehmen, das nicht unbedingt im Gegensatz zu anderen Ständen stand. Für den Komplex „Medien" bieten sich Gegenwartsbezüge besonders an. Sie werden auf der Ebene der Aufgabenstellungen angeboten. Aktuelle Konkretisierungen und Eingrenzungen seitens des Lehrers sind dabei sinnvoll.

Eine besondere Schnittfläche mit Schülererfahrungen bietet der vierte Abschnitt des Moduls (Aufklärung und Pädagogik: M25 und M26). Hier ist vor allem zu beachten, dass sowohl Basedows als auch Rousseaus Gedanken ein Ideal darstellen, das nicht der Wirklichkeit – schon gar nicht für breite Schichten der Bevölkerung – entsprach. Nichtsdestotrotz waren ihre Gedanken neben anderen wegweisend für die moderne Pädagogik.

So multiperspektivisch die Anordnung in Bezug auf Gesellschaft und Kultur auch versucht wird, sie bleibt für die Themen in diesem Rahmen fragmentarisch – weshalb in allen Modulen auf verschiedene Vorschläge zur eigenständigen Recherche durch die Schüler/innen gesetzt wurde.

Die (Nicht-)Kürzung der Quellen hat für den hermeneutischen Prozess eine immanente Bedeutung. Gerade für das hier verhandelte Thema schließt sich allerdings ein vollständiger und unvereinfachter Abdruck der in der Regel sehr langen und komplizierten Quellen aus. Denn neben der Quellenorientierung sind wesentliche Anliegen des Heftes, die Breite der Epoche abzubilden und für jüngere Schüler/innen zugänglich zu bleiben. Dennoch wurde versucht, eine rein affirmative Verwendung der Quellen zu vermeiden und Quellenausschnitte zu benutzen, die noch verschiedene Fragestellungen zulassen bzw. in unterschiedlichen Zusammenhängen untersuchbar sind.

Methodische Hinweise

Werden nur Teile des Heftes eingesetzt, ist zu beachten, dass in einzelnen Arbeitsaufträgen Bezüge zwischen den Modulen hergestellt werden. Einzelne Materialien sind auch für die Sekundarstufe II geeignet (etwa M4, M15-17). Teile des Materials können arbeitsteilig bearbeitet werden (z. B. die Ideale der Aufklärung, der Absolutismus in Europa). Unterschiedliche Quellen können dabei einen Ansatz zur Binnendifferenzierung darstellen. Vorstellbar ist auch eine Nutzung der einzelnen Themen als Stationenarbeit. Als kleinformatige Lerntheke könnten die Darstellungstexte zum Absolutismus in Frankreich genutzt werden. Werden sie dagegen – wie vorgeschlagen – arbeitsteilig in Gruppen erarbeitet, ist schon aufgrund der unterschiedlichen Textlängen ein binnendifferenzierendes Vorgehen möglich.

Sinnvoll ist es in jedem Fall, eine Plenumsphase zur Entwicklung von Leitfragen vorzuschalten. Nicht nur wird dadurch ein gemeinsamer Rahmen gesteckt, der Orientierung bietet und das gemeinsame Lernen betont. Es erwachsen hieraus auch vielfältigere Möglichkeiten der Kombination und Bearbeitung der Quellen.

Wichtige themenbezogene Strukturbegriffe werden in den Texten erklärt. Zur Reflexion von Deutungsbegriffen werden die Schüler/innen in einigen Aufgabenstellungen angehalten. Sprachliche Hilfen für die teilweise sehr schwierigen Quellen und Darstellungen finden sich darüber hinaus in Form von fettgedruckten Begriffen (diese sind also nicht etwa als „Schlüsselbegriffe" zu verstehen), die eigenständig geklärt werden können. Die offene Formulierung: „Klärt unbekannte Begriffe" ist aus meiner Sicht oft nicht ausreichend, weil Schüler/innen mitunter gar nicht bemerken, dass ihnen die genaue Bedeutung nicht bekannt ist. Andererseits hält der weitgehende Verzicht auf eine direkte Annotation den Weg für einen eigenständigen Erschließungsprozess offen. Wenn auch im Einzelfall oft mehr, weniger oder andere Begriffe als die hervorgehobenen unklar sein werden, so unterstützt die Hervorhebung doch die Wahrnehmung des Bestehens sprachlicher Unklarheiten überhaupt.

Bei einigen Quellentexten (z. B. Bossuet, Kant, Schuledikt, Basedow) wird man, wenn sie in der Sekundarstufe I eingesetzt werden, um eine intensivere Spracharbeit nicht umhinkönnen.

Ludwig XIV. – der Inbegriff des „absoluten" Herrschers?

Der „Absolutismus" wird oft mit einem **prunkvollen** Herrscher gleichgesetzt, der **uneingeschränkt** herrschen konnte. Besonders der französische König Ludwig XIV. (1638-1715) gilt als das **Symbol** absoluter Herrschaft. Seine Regierung begann in einer Zeit vieler religiöser Konflikte und Kriege in Europa (vgl. M2). Waren sie der Grund dafür, dass ein mächtiger **Monarch** gewünscht wurde? Ludwig XIV. wurde auch „Sonnenkönig" genannt. Seine Art zu regieren und sein Schloss in Versailles hatten eine große Anziehungskraft und Wirkung. Dort wurden nicht nur politische Entscheidungen getroffen, sondern auch modische und **kulturelle** Trends gesetzt. Fürsten und Könige in Europa eiferten den französischen **Monarchen** nach. Man spricht deshalb auch manchmal von einem ganzen „Zeitalter des Absolutismus". Ludwig XIV. soll gesagt haben: „L'etat c'est moi" – „Der Staat bin ich". Obwohl diese Aussage nicht belegt ist, wurde sie zu einer Art Motto des Absolutismus. Auch der Begriff „Absolutismus" entstand erst später und war eigentlich als Kritik an einem starken Herrscher gedacht. Er kommt vom lateinischen „legibus absolutus" – „von den Gesetzen losgelöst". Er bedeutet also, dass ein Herrscher ohne Einschränkung durch Gesetze regieren möchte. Ob das auch tatsächlich so war, wirst du überprüfen.

M1 Panel aus einem Asterix-Heft und das Herrscherporträt Ludwigs XIV. von Hyacinthe Rigaud

Links: Im Heft „Der Große Graben" wird das gallische Dorf in zwei Hälften geteilt. Die Häuptlinge der linken und der rechten Hälfte (Bild) beanspruchen die Macht jeweils für sich. Rechts: Hyacinthe Rigaud malte das Porträt 1701 im Auftrag Ludwigs XIV. für dessen Schloss in Versailles. Es misst 2,77m x 1,84m und hängt heute im Louvre.

Asterix, Bd. 25, Der Große Graben, 1980. Hyacinthe Rigaud, Ludwig XIV., 1701

1. Erkläre, warum Ludwig XIV. „Sonnenkönig" genannt wurde und was der Satz „Der Staat bin ich" bedeutet.
2. In Schulbüchern oder im Internet wirst du farbige und größere Abbildungen dieses Herrscherporträts finden. Schau dir das Bild dort genau an und beschreibe die Haltung des Königs und die Gegenstände. Achte vor allem auch auf die Lage der Krone.
3. Überlege, was die einzelnen Bildbestandteile bedeuten.
4. Formuliere, welche Wirkung von diesem Herrscherporträt (und von der Comicdarstellung) ausgehen sollte.
5. Vergleiche die Darstellung Ludwigs XIV. mit aktuellen „Herrscherdarstellungen".
6. Den Umgang mit Vergangenheit in der Gegenwart nennt man „Geschichtskultur". Recherchiere, ob du weitere Darstellungen Ludwigs XIV. oder des Absolutismus aus der Gegenwart findest. Erkläre, was sie vermitteln sollen.

Wie viel Macht soll ein Herrscher haben?

Im 16. und 17. Jahrhundert wurden in Europa viele Kriege ausgetragen. Anlass dafür waren immer wieder religiöse Konflikte. Es ging aber gleichzeitig um die Auseinandersetzung zwischen verschiedenen Ländern und **Herrscherhäusern** oder den **Widerstand** gegen zu mächtige Herrschende: In Frankreich kam es zu Aufständen des Adels gegen das Königshaus und im englischen **Bürgerkrieg** kämpften die Anhänger des Königs gegen die des **Parlaments**. In dieser Zeit gab es einige **Gelehrte**, die sich damit befassten, wie ein guter Staat aussehen könnte. Einige vertraten die Auffassung, dass man einen starken Herrscher benötigt. Aber es wurde auch darüber nachgedacht, wie die Macht eines Herrschers eingeschränkt und kontrolliert werden kann.

M2 Thomas Hobbes – Titelbild der 1651 erschienenen Schrift „Leviathan – Stoff, Form und Gewalt eines kirchlichen und staatlichen Gemeinwesens"

Thomas Hobbes (1588-1679) war ein englischer Mathematiker und ***Philosoph****, der den englischen Bürgerkrieg miterlebt hatte. Er war der Überzeugung, dass das Leben ein „Kampf aller gegen alle" ist, weil Menschen immer um Reichtum und Macht* ***konkurrieren****. Dieser „Naturzustand" war für Thomas Hobbes ein Problem. Zu mildern wäre es durch einen Herrscher, der sehr viele Rechte hat und seine Macht mit niemandem teilt. Herrscher und Beherrschte gehen eine Art „ausgedachten Vertrag" ein: Die Beherrschten verzichten auf Freiheiten. Dafür bekommen sie Sicherheit und Schutz.*

Thomas Hobbes, Leviathan (Titelbild). Kupferstich von Abraham Bosse, 1651

1. Beschreibe das Titelblatt des „Leviathan" und notiere daneben, wofür die einzelnen Elemente stehen.
2. Der Leviathan ist ein unbezwingbares Seeungeheuer, das im Alten Testament eine Rolle spielt. Es war selten zu sehen, wurde aber immer gefürchtet. Überlege, warum Thomas Hobbes seine Schrift nach diesem Ungeheuer benannt hat.
3. Formuliere einen Auftrag von Thomas Hobbes an den Künstler. In ihm soll deutlich werden, wie er sich das Titelbild zu seinem Buch vorstellt und warum es so aussehen soll.
4. Überlege, wodurch heute die Freiheit des Einzelnen begrenzt und ein Kampf „aller gegen alle" verhindert wird.

M3 Jean Bodin – Der Herrscher als Gesandter Gottes

Jean Bodin (1530-1598) war ein französischer Jurist. Ähnlich wie Thomas Hobbes in England erlebte Bodin in Frankreich die Religionskriege. Er nahm an vielen Diskussionen um die beste Staatsform teil. Seine Gedanken dazu schrieb er unter anderem in seinem Werk „Sechs Bücher über den Staat" nieder:

Es gibt auf Erden nichts Größeres und Höheres als die Majestät (Macht) der Könige nächst dem allmächtigen Gott. Sie sind gleichsam als seine **Gesandten** zum Wohl der übrigen Menschen bestellt worden. Es ist darum billig (hier: gerechtfertigt), ihre Herrschaft und Gewalt, wer und wie immer sie seien, sorgsam zu achten. Man muss ihnen mit aller Treue, Sorge und **Unterwerfung** folgen. Und man darf von ihnen nicht anders sprechen und denken als von Gesandten des ewigen und allmächtigen Gottes. Denn wer dem höchsten Herrscher, dem Gehorsam geschuldet wird, **Schimpf** antut, beschimpft die Majestät Gottes, dessen lebendes und **beseeltes** Ebenbild er ist. [...]

Die höchste Gewalt innehaben heißt, das Gesetz der Gesamtheit der Staatsbürger **auferlegen**, und selbst keines entgegenzunehmen, es sei denn vom ewigen Gott. [...]

Jean Bodin, De Republica I. Zit. nach: Ricardo Krebs, Der europäische Absolutismus, S. 23, gekürzt, Hervorhebungen S. H.

M4 Bossuet – Die Monarchie als „naturgemäßeste" Staatsform

Jaques Bénigne Bossuet (1627-1704) war ein Theologe und Bischof, der Ludwig XIV. unterstützte und verehrte. Er war für die Erziehung des Thronfolgers zuständig. 1682 verfasste Bossuet die Schrift „Politik nach den ureigensten Worten der Heiligen Schrift".

Die Monarchie ist die älteste und naturgemäßeste Staatsform, denn sie ist aus der väterlichen Gewalt hervorgegangen. Alle Menschen werden als Untertanen geboren und schon die Herrschaft des Vaters, in dessen Gehorsam sie aufwachsen, gewöhnt sie, nur ein Oberhaupt zu verehren. [...]

1. Satz: Der Fürst ist niemand **Rechenschaft** schuldig von dem, was er anordnet. Ohne diese **bedingungslose Autorität** kann er das Gute nicht tun und das Böse nicht beseitigen. Seine Gewalt muss so groß sein, dass niemand sich ihr entziehen kann. Die einzige Zuflucht des Bürgers vor der **öffentlichen Gewalt** ist seine Unschuld.

2. Satz: Hat der Fürst gesprochen, so gibt es kein anderes Urteil. Man muss dem Fürsten wie der Gerechtigkeit selbst gehorchen, sonst kann Ordnung und ein Ende der Streitigkeiten nicht entstehen. Denn er ist von Gott [...] und sozusagen ein Stück göttliche Unabhängigkeit. Gott allein kann über seine Entscheidungen befinden und seine Person richten. Wer daher dem Fürsten den Gehorsam verweigert, hat keinen Anspruch, einem anderen Richter vorgeführt zu werden, vielmehr wird er ohne Gnade zum Tode verdammt als ein Friedensstörer und Feind der menschlichen Gesellschaft.

3. Satz: Es gibt keine Gewaltausübung gegen den Fürsten. Gewaltausübung bedeutet eine Macht, die rechtmäßig ergangene Befehle **vollstreckt**. Rechtmäßige Befehle aber vermag nur der Fürst zu geben. Somit **gebührt** ihm allein die Gewaltausübung. Ihm allein obliegt die allgemeine **Volkswohlfahrt**. Und aus dieser wichtigsten **Befugnis** folgt alles Übrige: Er teilt die öffentlichen Arbeiten aus, er verfügt über Ämter und Waffen, er **vollzieht** Erlasse und Befehle, er bestimmt die Ehrungen. Wo Macht erscheint, hängt sie von ihm ab, und so ist auch keine Versammlung ohne seinen Vorsitz.

4. Satz: Das bedeutet aber nicht, der Fürst wäre von den Gesetzen befreit. Er ist gleich allen anderen Recht und Gesetz unterworfen, ja er vor allen soll gerecht sein und seinem Volk ein Beispiel in Erfüllung der Gesetze geben. Aber den Strafen der Gesetze ist er nicht unterworfen. [...].

Bossuet, Politik nach den ureigensten Worten der Heiligen Schrift, 1682. Zit. nach: Ricardo Krebs, Der europäische Absolutismus, S. 26, gekürzt, Hervorhebungen S. H.

1 Beantworte folgende Fragen jeweils anhand von M3 und M4 (z. B. gegenüberstellend in einer Tabelle):

a) Welche Aufgaben hat der Herrscher?

b) Was darf der Herrscher tun, um seine Aufgaben zu erfüllen?

c) Wie wird die Machtfülle des Herrschers begründet?

d) Wo hat die Macht des Herrschers Grenzen?

2 Überlege für den dritten Satz, wer heute in Deutschland diese Aufgaben übernehmen kann und darf.

3 Erörtere, welche Argumente für und welche gegen die große Machtfülle eines Herrschers sprechen.

Wie sahen die Herrscher selbst ihre Herrschaft?

M5 Aus den Memoiren Ludwigs XIV.

Ludwig XIV. (1638-1715) *war mit nur vier Jahren auf den französischen Thron gelangt. Alle wichtigen Entscheidungen hatte die ganze Zeit über der Erste Minister (**Premierminister**) Mazarin getroffen. Dieser starb 1661. Man hatte erwartet, dass Ludwig nun wieder einen Ersten Minister ernennen würde, der die **Regierungsgeschäfte** leitet. Stattdessen aber wollte Ludwig das nun selbst tun. Ludwig XIV. berichtet in seinen Memoiren über seine Regierungsübernahme. Die Memoiren Ludwigs waren dazu bestimmt, den Thronfolger in Staatsdingen zu erziehen.*

[...] Ich begann meine eigene Regierung damit, dass ich die vier **Staatssekretäre** nichts mehr unterzeichnen ließ, worüber sie mit mir nicht vorher gesprochen hatten. Ebenso stand es mit dem Finanz**intendanten**, und es wurde in seinem Bereich nichts vorgenommen, was nicht in einem Hauptbuche verzeichnet wurde, das mir zugleich mit einem kurzen Auszug zuging, und aus dem ich in jedem Augenblick eine klare Übersicht über die **Staatsgelder**, über die geleisteten oder noch zu leistenden Staatsausgaben gewinnen konnte. Ein gleicher Befehl ging an den **Kanzler**. [...]

Was die Personen betrifft, die mich bei meiner Arbeit zu unterstützen hatten, so beschloss ich vor allem, keinen Premierminister zu wählen [...] Denn nichts ist unwürdiger, als wenn auf der einen Seite ein Mann die ganzen **Herrscherfunktionen** ausübt, auf der anderen Seite ein König steht, dem nur der Titel übriggeblieben ist. [...]

Ich kann Ihnen nicht genug schildern, was ich alles dem Entschluss, selbst die Regierung in die Hand zu nehmen, verdanke. Ich fühlte, wie mein Geist und mein Mut sich hoben, es kam mir vor, als sei ich ein ganz anderer Mensch geworden [...] Erst jetzt erkannte ich, dass ich zum Herrscher geboren sei. [...].

Ludwig XIV, Memoiren. Herausgegeben von L. Steinfeld 1931. Zit. nach: Ricardo Krebs, Der europäische Absolutismus, Stuttgart 1971, S. 27 f., gekürzt, Hervorhebungen S. H.

M6 Friedrich II. über seine Regierungsweise

*Friedrich II. (1712-1786) war von 1740 bis 1786 preußischer König. Er sah sich selbst als aufgeklärter Herrscher (zur Aufklärung vgl. Modul C). In seinem „politischen **Testament**" schrieb er:*

Die erste Pflicht eines Bürgers ist, seinem Vaterlande zu dienen. Diese Verpflichtung habe ich in jeder Lage meines Lebens zu erfüllen versucht. Ein Mann, der, wie ich, mit der Würde des höchsten **Amt**es betraut ist, hat Gelegenheit und Möglichkeiten genug, sich seinen Mitbürgern nützlich zu machen. [...]

Ich habe mir vorgenommen, niemals den Gang der **Rechtspflege** zu stören. Im Gericht sollen die Gesetze sprechen und der Fürst schweigen. Aber dies Schweigen hat mich nicht gehindert, die Augen offen zu halten, um das Verhalten der Richter zu überwachen. [...]

Eine gut geführte Staatsleitung muss ein ebenso gut zusammenhängendes **System** sein wie das eines Philosophen, alle Maßnahmen, die man ergreift, müssen wohl überdacht sein, Finanzen, Politik und Militär müssen sich in einem Ziel zusammenfinden, das ist die Festigung des Staates und das Wachstum seiner Macht. Nun kann aber ein System nur aus einem Kopf entspringen, also muss dies der Kopf des Herrschers sein.

Friedrich II., Politisches Testament von 1752. Zit. nach: Ricardo Krebs, Der europäische Absolutismus, Stuttgart 1971, S. 20, gekürzt, Hervorhebungen S. H.

1. Erkläre die Voraussetzungen und Ziele einer guten Herrschaft nach Friedrich II.
2. Arbeite heraus, welche Ämter und Aufgaben in M5 genannt werden und wie Ludwig XIV. zu ihnen steht.
3. Stelle gegenüber, wie beide Herrscher ihre Regierungsweise beschreiben. (Zusatz: Recherchiere die Darstellung Friedrichs II. im Gemälde „Der König überall" von Robert Warthmüller und vergleiche mit der Darstellung Ludwigs XIV. im Gemälde von Rigaud (M1). Ergänze dann die Aufgabe.)
4. Erläutere den letzten Satz in M6.

Wie versucht der Herrscher, seine Macht zu durchzusetzen? – Das Beispiel Ludwigs XIV. (Gruppenarbeit: 3-4 Std.)

Schritt 1: Informationsgewinnung und Erarbeitung

1. Erarbeitet in Gruppen die verschiedenen Themen (Texte) und bereitet eine Plakatpräsentation eures Themas vor.
2. Macht deutlich, welche Maßnahmen mit welchen Zielen durchgeführt wurden. Profitierten auch andere Personen(gruppen) außer dem Herrscher? Klärt offene Fragen. Zusätzliche Arbeitsvorschläge findet ihr unter euren Texten.
3. Überlegt, wie ihr die Informationen anschaulich darstellen und präsentieren könnt (benutzt z. B. Illustrationen, ausgedruckte Bilder, Geschichtskarten oder Kartenskizzen, beschriftete Pfeile, Symbole etc.).

Schritt 2: Ergebnissicherung (nach der Präsentation der thematischen Gruppen, Arbeit in neuen Gruppen)

Oft wird der Absolutismus Ludwigs XIV. in einem „Säulenschema" dargestellt. Die Säulen symbolisieren die „Stützen" des Herrschers.

1. Übernehmt das Schema und füllt es zunächst mit denjenigen Aspekten, die eurer Meinung nach tatsächlich die Herrschaft Ludwigs XIV. stützten.
2. Ergänzt dann weitere Aspekte, von denen ihr meint, dass sie keine Stützen der Herrschaft waren oder sogar ein Gegengewicht bildeten. Ihr könnt auch Felder ergänzen. (Alternative: Ihr könnt auch ein ganz anderes Schema entwerfen, das die Informationen aufgreift)
3. Im Frankreich des 17. Jahrhunderts gab es auch Veränderungen in der Gesellschaft. Notiert sie im unteren Kasten des Schemas.

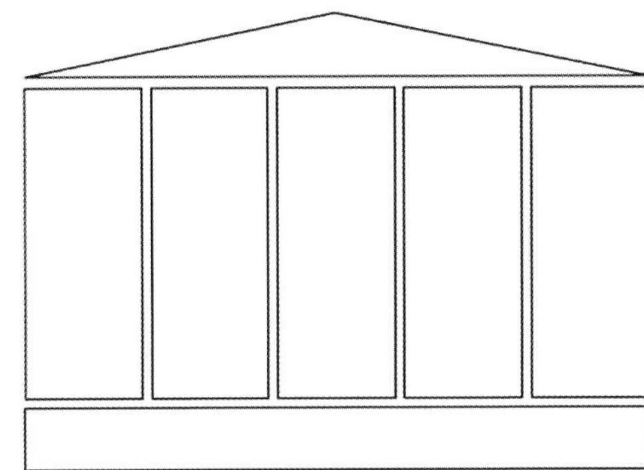

Schritt 3: Reflexion

1. Vergleicht eure unterschiedlichen Lösungen. Erklärt, warum es nicht „die richtige Lösung" gibt.
2. Übernehmt eines der Schemata in euer Heft. (Zusatz: Überlegt, welches Bild von der Herrschaft Ludwigs XIV. das Säulenmodell vermittelt. Erläutert die Vor- und Nachteile solch vereinfachender Darstellungen.)
3. Im Einleitungstext zu diesem Modul wurde erwähnt, dass der „Absolutismus" häufig mit einem uneingeschränkten Herrscher gleichgesetzt wird. Beurteilt, ob diese Definition zutrifft.

Texte zur Erarbeitung:

Hofadel

Ludwig versammelte an seinem Hof in Versailles viele Adelige. Der prächtige Stil des Barock (vgl. Modul B) zeigte sich vor allem im Schloss selbst. In Versailles pflegte man einen aufwendigen Lebensstil mit luxuriöser Mode, Festen, Opern und Theaterstücken. Die Adeligen konnten so davon abgelenkt werden, dass sie zum Teil an Einfluss verloren hatten: Für sie war mit der Nähe zum König auch die Hoffnung verbunden, (wieder) Einfluss auf die Politik zu gewinnen. Einige Adelige wurden durch die hohen Ausgaben für das Hofleben aber finanzell abhängig vom König. Die Hofhaltung Ludwigs diente auch der Repräsentation, also der beeindruckenden Wirkung nach außen, und der Kontrolle des Adels durch den König. Sie kostete mehr als 10 % des gesamten **Staatshaushaltes**. Schloss und Hof von Versailles hatten eine große Anziehungskraft und wurden zum Vorbild für andere Herrscher. Gerade die kleineren Fürstentümer ahmten die prunkvolle Hofhaltung gerne nach. Manche Fürsten gaben sogar bis zu 50 % ihrer Gelder dafür aus und richteten sich damit wirtschaftlich zu Grunde.

1. Sucht Bilder von Versailles. Informiert euch über das „Lever" am Hof von Versailles. Lest die Ausschnitte aus den Briefen der Liselotte von der Pfalz (M13).

Kirche

Die katholische Kirche unterstützte den katholischen Ludwig XIV., indem sie sagte, seine Herrschaft sei von Gott gewollt („Von Gottes Gnaden"). Sie bot also eine **Legitimation** seiner Herrschaft. Ludwig versuchte aber auch, die Kirche zu einer Staatskirche zu machen: möglichst unabhängig vom Papst und den Anordnungen des Königs unterstellt. Andere **Konfessionen** und deren Anhänger hätten das wohl nicht unterstützt. Eine einheitliche Religion war dem französischen König deshalb sehr wichtig. Allerdings stieß der französische König hier an seine Grenzen: Ein Gesetz, das den französischen **Protestanten** (genannt: „Hugenotten") freie Religionsausübung gewährte, schaffte Ludwig zwar ab. Das bewirkte aber die Flucht vieler Hugenotten. Den Protestantismus konnte er trotzdem nicht beseitigen. Auch mit dem Papst musste sich Ludwig XIV. später einigen: Ludwig durfte weniger Einfluss auf die Kirche nehmen.

1 Recherchiert das Schicksal der Hugenotten und berichtet darüber. Klärt, in welche Gebiete die Hugenotten vor allem flohen, und sucht Gründe dafür.

Verwaltung

Der König war sowohl der oberste Richter als auch der oberste Gesetzgeber Frankreichs. In seiner unmittelbaren Umgebung duldete Ludwig XIV. nur wenige Minister und Berater. Sein **Kabinett** war deshalb klein und bestand vorwiegend aus gut ausgebildeten Personen aus dem **Bürgertum** oder **Amtsadeligen**. Damit die Gesetze umgesetzt werden konnten, brauchte er viele **Beamte**. Besonders wichtig waren die etwa 30 Intendanten des Landes, die vom König selbst eingesetzt und entlassen werden konnten. Die Intendanten überwachten den Einzug der Steuern. Sie kümmerten sich außerdem um die Versorgung und die Verkehrswege. Die Bezirke, für die die Intendanten zuständig waren, wurden neu gebildet. So sollten die Adeligen entmachtet werden, die vorher für ihre Gebiete ähnliche Aufgaben erfüllt hatten. Dennoch waren die Beamten auf die Zusammenarbeit mit den Adeligen vor Ort angewiesen.

1 Arbeitet bei eurer Präsentation mit den im Text genannten Ämtern und Aufgaben.

Wirtschaftspolitik

Um Frankreichs Wirtschaftskraft zu stärken, wurden von **Wirtschaftsminister** Colbert folgende Maßnahmen ergriffen: Ausländische **Fachkräfte** wurden angeworben. Aus den französischen Kolonien wurden wertvolle **Rohstoffe** eingeführt und weiterverarbeitet: Die neu entstandenen **Manufakturen** spezialisierten sich auf die Produktion verschiedenster (Luxus-)waren (z. B. **Fayencen**, Mode, teure Lebensmittel, Rüstungsgüter). Hierfür war der Ausbau von Transportwegen notwendig. Viele Fertigwaren wurden für viel Geld in andere Länder **exportiert**. Auf den **Import** von fertigen Waren wurden dagegen hohe **Zölle** erhoben, die wiederum dem Staatshaushalt zu Gute kamen. Man nennt diese Art von Wirtschaftspolitik Merkantilismus. Die Staatsausgaben waren durch die Kriege und die **Hofhaltung** Ludwigs aber stark gestiegen. Der Merkantilismus konnte diese hohen Ausgaben auf Dauer nicht ausgleichen.

1 Findet eine zeitgenössische Darstellung einer Manufaktur und baut sie in eure Präsentation ein.

Militär

Die **Außenpolitik** Ludwigs zielte darauf, Frankreich eine **Vormachtstellung** innerhalb Europas zu verschaffen und andere **Monarchien** (vor allem Spanien und Österreich) zu schwächen. Dazu wurde das Militär neu organisiert: Es wurde zu einer immer einsatzfähigen Armee, einem „stehenden Heer". Die Zahl der Soldaten wurde verzehnfacht, die Flotte stark aufgestockt. So war Frankreich in der Lage, Kriege zu führen und **Kolonien** zu erwerben. Das Heer diente aber auch der Sicherung der königlichen Macht nach innen.

1 Recherchiert, welche Kolonien Frankreich wann erworben hat. Findet heraus, woher der Name der US-Bundesstaates „Louisiana" kommt.

Uneingeschränkte Herrschaft?

Eine Versammlung von Vertretern aller drei **Stände**, bei denen Probleme benannt und beraten werden konnten (Generalstände), hatte seit 1614 nicht mehr stattgefunden. Dennoch gab es in den verschiedenen **Provinzen** andere **Gewalten**: Die Provinzialstände (Versammlungen der drei Stände einzelner Provinzen) hatten **Mitspracherechte** – z. B. bei der **Bewilligung** von Steuern. Ein weiteres Gegengewicht zur Herrschaft des Königs bildeten außerdem die Parlements. Das waren Gerichtshöfe in Paris und in zwölf weiteren Städten Frankreichs. Die Parlements hatten auch politischen Einfluss, denn sie mussten königliche Gesetze prüfen und konnten deren Durchsetzung lange hinauszögern. Das führte zu Konflikten zwischen König und Parlaments. Ludwig XIV. entmachtete sie. Schon unter seinem Nachfolger gewannen sie allerdings ihre Macht zurück – vor allem das Pariser Parlement verteidigte die Stände gegen den absoluten Herrschaftsanspruch.

1 Informiert euch, in welchen Städten Frankreichs es Parlements gab und wo diese Städte liegen. Verwendet diese Informationen in eurer Präsentation.

Absolutistische Herrschaft in Europa – Die Beispiele Russland und Preußen

Die Herrschaft der Zaren in Russland war schon seit dem Mittelalter autokratisch, d.h. fast ohne Einschränkung durch Stände, Gerichte oder ein Parlament. Dennoch war auch für Russland der französische Absolutismus ein Vorbild: Zar Peter I. wollte vor allem das (aus seiner Sicht) rückständige Russland modernisieren. Zu seinem Modernisierungsprogramm gehörte der Bau der Stadt St. Petersburg. Die vorhandene Festung lag **strategisch** günstig an der Mündung des Flusses Newa in die Ostsee. Der Ausbau zu einer Stadt war ein **Prestigeprojekt** für Peter I.. St. Petersburg sollte eine europäische Stadt werden. Für das riesige Bauprojekt wurden viele Leibeigene **rekrutiert**. Im übrigen Land durften während der Bauzeit keine Steinbauten errichtet werden. So standen alle Steinmetze für den Bau St. Petersburgs zur Verfügung. Doch auch das übrige Russland sollte europäisiert werden – gemeint war, dass es sich an Westeuropa orientieren sollte. Dazu setzte der Zar eine Reihe von **Reformen** durch. Sogar die „rückständigen Sitten" seiner Untertanen wollte Zar Peter I. verändern: Er **besteuerte** z.B. das Tragen von langen Bärten. Konnte man die Zahlung der Steuer nicht durch eine Bartsteuermarke nachweisen, drohte die sofortige Rasur. Besonders die Altgläubigen (sehr traditionelle Christen) kamen dadurch in Konflikte: Für sie bedeutete die Rasur des Bartes eine Gotteslästerung. Einige von ihnen suchten Zuflucht im Ausland. Auch die Kleidung der Menschen wollte Peter I. per Gesetz ändern: Die umständliche traditionelle Kleidung sollte durch teure westeuropäische Mode ersetzt werden. Bei **Zuwiderhandlungen** drohte die Prügelstrafe.

M7 Holzschnitt für ein Flugblatt zum Barterlass Zar Peters I.

Anonymer Holzschnitt, Ende 17. Jahrhundert

Übersetzung der Beschriftung: Rechts. „Ein Barbier möchte dem Altgläubigen den Bart schneiden". Links: „Der Altgläubige sagt zum Barbier: ‚Höre, Barbier! Ich möchte den Bart nicht stutzen lassen. Pass auf, ich rufe gleich die Wache!'"

1. Beschreibe die in M7 dargestellte Szene. Gib dem Holzschnitt einen Titel.
2. Beschreibe die Kleidung der linken Person (Altgläubiger) in M7 und vergleiche mit M11.
   a) Informiere dich über die klimatischen Bedingungen in Russland.
   b) Überlege, warum es Peter so wichtig war, die Bekleidung seiner Untertanen zu ändern.
   c) Erkläre dann die Aussage „Die französische Mode wurde überall in Europa zum Vorbild".
3. Informiere dich, worauf in verschiedenen Ländern Steuern erhoben werden und wurden. Erkläre, wozu Steuern (über die Geldeintreibung hinaus) dienen können.
4. Informiere dich über Vorschriften in der Gegenwart, die das Aussehen oder die Verhaltensweisen von Menschen betreffen. Nimm Stellung, ob staatliche Eingriffe in private Dinge deiner Meinung nach zu rechtfertigen sind.

Die Maßnahmen der preußischen Könige in den Bereichen Wirtschaft und **Verwaltung** ähnelten denen in Frankreich: Auch die preußischen Könige setzten **Beamte** ein, um den Staat **effizient** zu verwalten. Auf die Einfuhr fertiger Waren wurden Steuern erhoben. Wertvolle Rohstoffe sollten im Land bleiben. Das Manufakturwesen blühte vor allem durch die aus Frankreich geflüchteten **Hugenotten** auf. Friedrich II. (1712-1786) erzwang außerdem den Landesausbau: Dünn besiedelte Landstriche wurden bevölkert, nicht nutzbare Landstriche wurden nutzbar gemacht – z. B. wurde das **Oderbruch** trockengelegt.

Vor allem hatten die preußischen Könige Interesse an der Vergrößerung des preußischen **Territoriums.** Friedrich Wilhelm I. (1713-1740 König von Preußen) setzte deshalb auf ein großes **stehendes Heer**. Dies brachte ihm den Namen „Soldatenkönig" ein. Unter der Regierung Friedrichs II. (1740-1786) entwickelte sich Preußen zu einer **Großmacht**. Dies verwirklichte Friedrich, wie bereits seine Vorgänger, durch den weiteren Ausbau des Militärs und durch Kriege. Die militärische Disziplin und Strenge waren berüchtigt. Sie gelten noch heute im Sprachgebrauch als „typisch preußisch".

M8 Friedrich II. über militärische Disziplin

Murrt ein Soldat gegen seinen **Unteroffizier** oder setzt er sich mit dem Säbel zur Wehr, zieht ein Offizier den Degen gegen seinen **Kommandeur** usw. – Über alle diese ist die Todesstrafe verhängt. Ihnen gegenüber darf der Herrscher keine Gnade walten lassen. Das Beispiel wäre zu gefährlich! Die geringste Lockerung der Disziplin würde zur Verwilderung führen, diese zur **Aufsässigkeit**, und schließlich würden die Chefs nicht Herr ihrer Untergebenen sein, sondern ihnen gehorchen müssen. Aus diesem Grunde besitzen die **Generale** und **Obersten** unbeschränkte Macht über ihre **Regimenter**. [...] Daher kommt es, dass Truppen, die vom Geiste straffer Disziplin erfüllt sind, keinen Ungehorsam, keine Widerrede, keine Klagen kennen. Ja, inmitten der größten Gefahren hören sie auf das Kommando und bieten dem Tode Trotz, wenn ihre Chefs es ihnen befehlen.

Friedrich der Große, Das politische Testament von 1752. Aus dem Französischen übertragen von Friedrich von Oppeln-Bronikowski, Berlin 1922, S. 90 f., gekürzt, Hervorhebungen S. H.

M9 Militärische Disziplin aus Sicht des *Rekruten* Ulrich Bräker

*Ulrich Bräker (1735-1798) wurde gewaltsam für die Armee Friedrichs II. rekrutiert und musste im **Siebenjährigen Krieg** auf preußischer Seite kämpfen. Er könnte später **desertieren**.*

Bald alle Wochen hörten wir [...] neue ängstigende Geschichten von gefangenen Deserteuren, die, wenn sie noch so viel List gebraucht [...], dennoch ertappt wurden. Da mussten wir zusehen, wie man sie durch 200 Mann, achtmal die lange Gasse auf und ab **Spießruten** laufen ließ, bis sie atemlos dahinsanken, und des folgenden Tags aufs Neue dran mussten, die Kleider ihnen vom zerhackten Rücken heruntergerissen, und wieder frisch drauf losgehauen wurde, bis Fetzen geronnenen Bluts ihnen über die Hosen hinabhingen. [...]

Ulrich Bräker, Lebensgeschichte und Natürliche Abentheuer des armen Mannes in Tockenburg. Zit. nach: Ricardo Krebs, Der europäische Absolutismus, Stuttgart 1971, S. 42 f., gekürzt, Hervorhebungen S. H.

1. Erkläre, welchen Zielen die militärische Disziplin letztendlich diente und wie sie umgesetzt wurde.
2. Vollziehe in einem historischen Atlas nach, wie und durch welche Kriege sich das Territorium Preußens unter der Herrschaft Friedrichs II. entwickelte, und erkläre, auf wessen Kosten diese Entwicklung ging (beziehe auch M9 ein).
3. Vergleiche die Maßnahmen Friedrichs II. und Ludwigs XIV. zur Herrschaftssicherung.
4. Liste auf, welche Bevölkerungsgruppen von den Maßnahmen der verschiedenen Herrscher betroffen waren.
5. Sowohl Peter I. als auch Friedrich II. tragen oft den Beinamen „der Große". Beurteile, ob diese Benennung gerechtfertigt ist.

Barock – mehr als ein Kunststil

Der Begriff „Barock" bezeichnet vor allem die Epoche und den Kunststil der Zeit des Absolutismus. Der Barock steht aber auch für einen Lebensstil und ein Lebensgefühl. Das erkennt man daran, dass der Begriff auch in einem allgemeinen Sinn gebraucht wird, z. B. für eine üppige Lebensweise. Kennzeichnend für den Barock war zum einen eine starke Orientierung an der Geometrie. So entstanden geometrisch angeordnete Ornamente und streng durchgeplante Schlösser und Gärten. Andererseits war die Kunst des Barock verspielt und lebendig, was sich z. B. in Figuren, Wasserspielen oder der Mode zeigt.

M10 Außenaufnahmen der Wallfahrtskirche Grüssau/Krzeszow

*Links: **Memento-Mori**-Motiv, rechts: Moses:*

Fotos: privat

M11 Tanz vor einem Springbrunnen

Öl auf Leinwand, Nicolas Lancret, 1724

1. Überlege, welchen „Geist der Zeit“ die Merkmale des Barock (Geometrie und Lebendigkeit) widerspiegeln.
2. Auch Kirchenbauten wurden im barocken Stil erbaut. Erkläre die Wirkung der dargestellten Elemente einer barocken Kirche auf dich.
3. Beschreibe die Szene M11 und die Kleidung der abgebildeten Personen.
4. Erläutere, was die Personen denken und sagen könnten.
5. In Kunstformen und Kunststilen äußert sich auch ein Lebensgefühl – suche nach aktuellen Beispielen dafür.
6. (Zusatz) Finde die beiden Merkmale Strenge und Lebendigkeit in der Barockmusik wieder. Höre z. B. die ersten Takte des Weihnachtsoratoriums von Johann Sebastian Bach und/oder der Oper „King Arthur“ von Henry Purcell.

Barocke Herrschaft – ein „Exportschlager"?

M12 Fächerförmige Anlage der Residenzstadt Karlsruhe

Im pfälzischen Erbfolgekrieg ging es unter anderem um den ***Erbanspruch*** *der Liselotte von der Pfalz (M13). Im Krieg wurde die Karlsburg, Sitz des Markgrafen von Baden-Durlach, zerstört. Anstelle des Wiederaufbaus entschied sich der Markgraf für die Neuerrichtung einer Residenz und Stadt auf einer freien Fläche – und folgte damit dem Vorbild Versailles.*

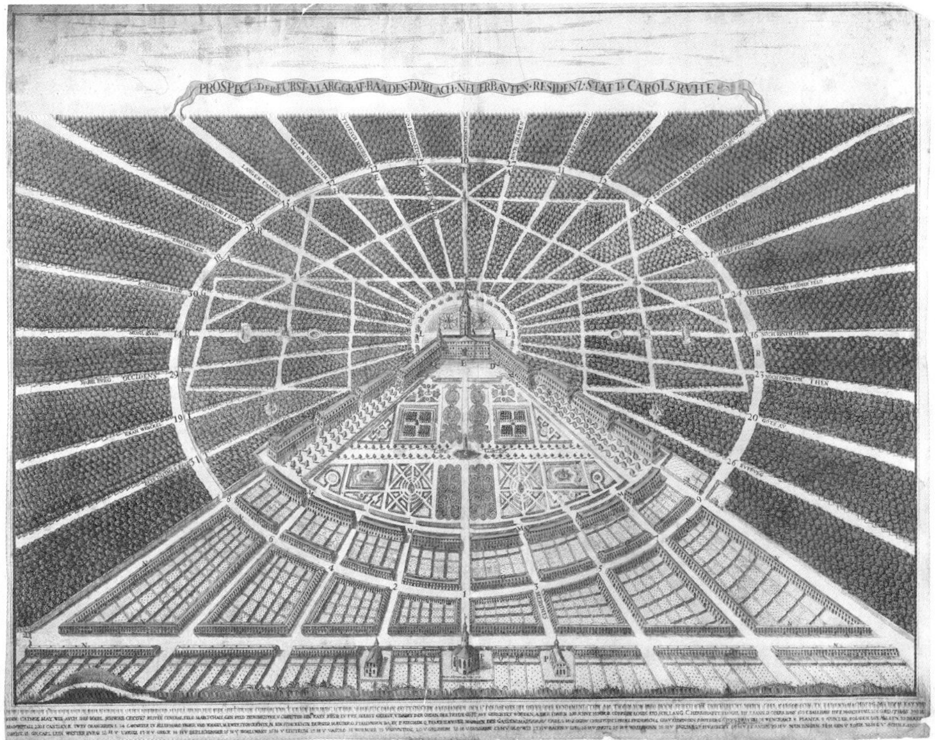

Kupferstich von Heinrich Schwarz 1721

M13 Auszüge aus Briefen der „Liselotte" von der Pfalz

Elisabeth Charlotte (1652-1722) war pfälzische Prinzessin und wurde durch Heirat zur Herzogin von Orleans und damit zur Schwägerin Ludwigs XIV. In ihren Briefen schildert sie unter anderem das Leben am Hofe Ludwigs XIV.

An die Herzogin Sophie, 8. Oktober 1688
Am Donnerstag war ich mit dem König auf Hirschjagd. Nach der Jagd musste ich mit Ihrer Majestät und vielen Damen essen und nach dem Essen gingen wir alle ins Ballhaus. [...] Samstag fuhren wir mit dem König auf Schweinsjagd. [...]

An die Kurfürstin Sophie, 16. Dezember 1694
Wenn es wahr ist, was geredet wird, so wird bald die Langeweile noch viel schlimmer werden, denn man sagt, man wird alle Opern und Komödien abschaffen und dass Sorbonne* angewiesen hat, hieran zu arbeiten.

Briefe der Liselotte von der Pfalz. Herausgegeben von Helmuth Kiesel, Frankfurt/M. 1981, S. 67 f., 102, vereinfacht und gekürzt: S. H.

* theologische Fakultät der Universität Sorbonne in Paris

1. Untersuche die Quellenausschnitte in M13 auf Hinweise auf das Leben am Hofe Ludwigs XIV.
2. Erkläre den absolutistischen Herrschaftsanspruch in der Anlage der Residenzstadt Karlsruhe.
3. Recherchiert arbeitsteilig (z. B. auf Google Earth) die Anlage des Schlosses Versailles und weiterer barocker Schlösser in Deutschland und Europa, z. B.: Nymphenburg, Schwetzingen, Drottningholm, Peterhof bei St. Petersburg. Ergänzt Fotos und Informationen: Welche Herrscher bauten hier wann? Haltet eure Ergebnisse auf einer großen Europakarte fest.
4. Erkläre, was mit dem Begriff „barocke Herrschaft" gemeint ist, und beantworte die Leitfrage oben.

Das Denken ändert die Welt und das Weltbild ändert das Denken

Schon immer wollten Menschen Erkenntnisse gewinnen und Antworten finden: Wie funktioniert die Natur, der Kosmos und das Leben? Woher kommen wir, wohin gehen wir? Wie sollen wir leben? In der **Renaissance** wurde das „Forschen", das genaue und **systematische** Untersuchen der Lebenswelt wichtiger. In Erfindungen und die Entdeckungs- und Eroberungsfahrten zeigten sich die Ergebnisse wissenschaftlichen Denkens. Andererseits veränderten Erfindungen und Eroberungen und z. B. das **heliozentrische Weltbild** wiederum das Denken der Menschen. Auch die **Reformation** und der Absolutismus trugen zu einer Veränderung des Denkens bei: Die Religionskriege verunsicherten die Menschen sehr. Aberglaube, Vorurteile und Ängste zeigten sich z. B. in den Hexenverfolgungen, die bis ins 18. Jahrhundert wüteten. Herrscher versuchten, Adel und Bürgertum zu unterdrücken oder zumindest zu beschränken (siehe Modul A). Andererseits sah man die Erfolge von Verstand und Vernunft in den (Natur-) Wissenschaften. Und so setzten auch die Denker der Aufklärung auf Verstand und Vernunft und kritisierten Aberglaube, **Fanatismus** und **Bevormundung**. Die Gedanken der Aufklärung wirkten sich auch auf die Gesellschaft aus und waren eine wesentliche Voraussetzung für die Französische Revolution.

Bis zum Ende des 18. Jahrhundert wurde die „Aufklärung" zu einer breiten Bewegung, die nicht mehr nur Wissenschaftler betrieben. Man spricht deshalb heute vom 18. Jahrhundert als dem „Zeitalter der Aufklärung" oder auch der Vernunft.

M14 Die aufgeklärte Weisheit als *Minerva* schützt die Gläubigen aller Religionen

Kupferstich von Daniel Chodowiecki, 1791

1. Beschreibe Aufbau und Symbole des Bildes.
2. Erkläre seine Aussage. Nimm dabei Bezug auf den Titel.
3. Stelle ausgehend von Bild und Text Fragen und Vermutungen zum Begriff „Aufklärung" an.

Welche Ideale und Ziele hatten die Aufklärer?

M15 Immanuel Kant: Beantwortung der Frage: Was ist Aufklärung?

Immanuel Kant (1724-1804) war ein Philosoph. 1784 erschien Immanuel Kants Aufsatz in der Berlinischen Monatsschrift als Antwort auf die Frage eines anderen Philosophen.

Aufklärung ist der Ausgang des Menschen aus seiner selbst verschuldeten Unmündigkeit. Unmündigkeit ist das Unvermögen, sich seines Verstandes ohne Leitung eines Anderen zu bedienen. Selbstverschuldet ist diese Unmündigkeit, wenn die Ursache derselben nicht am Mangel des Verstandes, sondern der Entschließung und des Mutes liegt, sich seiner ohne Leitung eines Anderen zu bedienen. Sapere aude! Habe Mut dich deines eigenen Verstandes zu bedienen! ist also der **Wahlspruch** der Aufklärung.

Faulheit und Feigheit sind die Ursachen, warum ein so großer Teil der Menschen, [...] gerne zeitlebens unmündig bleiben; und warum es Anderen so leicht wird, sich zu deren **Vormündern** aufzuwerfen. Es ist so bequem, unmündig zu sein. Habe ich ein Buch, das für mich Verstand hat, einen Seelsorger, der für mich Gewissen hat, einen Arzt, der für mich die Diät beurteilt, u. s. w., so brauche ich mich ja nicht selbst zu bemühen. Ich habe nicht nötig zu denken, wenn ich nur bezahlen kann; andere werden das **verdrießliche** Geschäft schon für mich übernehmen. Dass der bei weitem größte Teil der Menschen (darunter das ganze **schöne Geschlecht**) den Schritt zur Mündigkeit, außer dem, dass er beschwerlich ist, auch für sehr gefährlich halte: Dafür sorgen schon jene Vormünder, die die Oberaufsicht über sie [...] auf sich genommen haben. Nachdem sie ihr Hausvieh zuerst dumm gemacht haben und sorgfältig darauf achteten, dass diese ruhigen Geschöpfe ja keinen Schritt außer dem **Gängelwagen**, darin sie sie einsperrten, wagen durften, so zeigen sie ihnen nachher die Gefahr, die ihnen droht, wenn sie es versuchen allein zu gehen. Nun ist diese Gefahr zwar eben so groß nicht, denn sie würden durch einige mal Fallen wohl endlich gehen lernen; allein ein Beispiel von der Art macht doch schüchtern und schreckt **gemeinhin** von allen weiteren Versuchen ab.

Zit. nach: Ehrhard Bahr, Was ist Aufklärung? Stuttgart 1996, S. 9 f., gekürzt und vereinfacht, Hervorhebungen S. H.

M16 Andreas Riem: Auszug aus der Protestschrift „Über Aufklärung ..."

Der Prediger Andreas Riem (1749-1807) veröffentlichte diese Schrift 1788 anonym. Er wandte sich darin gegen die preußische Politik, die nach dem Tod Friedrichs II. versuchte, die Aufklärung einzudämmen.

Wenn du dich mitten unter einem Haufen eines **barbarischen** Neger-Volks, auf den Küsten von Afrika, befändest und sähest, wie wild sie die Rechte der Menschheit entehren, sähest eine Xinga* um die Schlachtopfer einer blutdürstigen Religion tanzen, ihnen mit der Streitaxt den Schädel zerschmettern, dass das Gehirn umherspritzt, und mir heißem Durste das Blut dieser Unglücklichen saufen: – mitleidiger Europäer! Würdest du nicht wünschen, dass Xinga aufgeklärter [...] sein möchte?

Wenn ein englischer Barbar einen Neger-Sklaven in einem eisernen Käfig im dicksten Walde aufgehängt, damit tagelang die Raubvögel ihn lebendig Stück vor Stück auffressen und seine Qualen zu Höllenmartern machen: Wäre es für die Menschheit nicht besser, Carolina, wo dieses geschah, wäre aufgeklärter und lernte die Rechte der Menschheit ehren? [...]

Andreas Riem, Über Aufklärung, ob sie dem Staate – der Religion oder überhaupt gefährlich sey und seyn könnte? Zit. nach: Ehrhard Bahr: Was ist Aufklärung? Stuttgart 1996, S. 28 f., vereinfacht, Hervorhebungen S. H.

* afrikanische Heldin und Tochter des Königs von Angola

1. Immanuel Kant benutzt das Wort „Hausvieh". Erkläre, was er damit meint.
2. Überlege, welche Motive die Handelnden in den beiden Szenen haben, die Andreas Riem schildert. (Zusatz: Diskutiere, ob Andreas Riem mit der Formulierung „barbarisches Negervolk" seinem eigenen Anspruch gerecht wird.)
3. Stelle gegenüber, was Aufklärung für Kant und was sie für Riem bedeutet.
4. Arbeite heraus, wer und was die Aufklärung der Menschen verhindert.

M17 René Descartes – Abhandlung über die Methode des richtigen Vernunftgebrauchs

René Descartes (1596-1650) war ein französischer Mathematiker, Naturwissenschaftler und Philosoph. Er vertrat die Auffassung, dass Erkenntnisse vor allem durch Vernunft und kritisches Denken gewonnen werden können und hielt die Regeln dafür folgendermaßen fest:

Meine erste Regel war, niemals eine Sache für wahr zu halten, ohne sie als solche genau zu kennen. d. h. sorgfältig alle Übereilung und Vorurteile zu vermeiden und nichts in mein Wissen aufzunehmen, [...] was sich nicht so klar und deutlich darbot, dass ich keinen Anlass hatte, es in Zweifel zu ziehen. Die zweite war, jede zu untersuchende Frage in so viele einfachere aufzulösen, wie es möglich und zur besseren Beantwortung erforderlich war. Die dritte war, in meinem Gedankengang so vorzugehen, dass ich mit den einfachsten und leichtesten Gegenständen begann und nur nach und nach zur Untersuchung der **verwickelten** aufstieg [...]. Endlich viertens, alles vollständig zu wiederholen und im Allgemeinen zu überschauen, um mich gegen jedes Übersehen zu sichern.

René Descartes, Abhandlung über die Methode des richtigen Vernunftgebrauchs und der wissenschaftlichen Wahrheitsforschung. Ins Deutsche übertragen von Kuno Fischer, Stuttgart 1961, S. 18f., vereinfacht und gekürzt, Hervorhebungen S. H.

M18 Christian Thomasius – Vom Laster (Verbrechen) der Zauberei

*Christian Thomasius, geboren 1655 in Leipzig, war **Jurist** und Philosoph. Als Professor der Rechte beschäftigte er sich damit, wie man dem Menschen zu größerer Freiheit verhelfen kann: Er stellte die **Leibeigenschaft** und das **Zunftwesen** in Frage und wandte sich gegen Folter und Hexenprozesse. Der preußische König Friedrich Wilhelm I. unterband 1714 (auch wegen Thomasius' Argumenten) die Willkür der Hexenprozesse in einem **Edikt**. Die Folter wurde in Preußen erst 1740 durch Friedrich II. nahezu abgeschafft. In seiner Schrift zeigte Christian Thomasius mit vielen verschiedenen Argumenten die Unsinnigkeit und Grausamkeit der Hexenprozesse auf.*

§ 48

[...] weil niemals bei diesem Verbrechen ein wirkliches **Corpus Delicti** gefunden wurde, so folget von sich selbst, dass unmöglich auch ein Beweis da sein kann. Denn ein Ding, das nicht da ist, kann auch keine Beweiskraft haben. Und gesetzt, es hätten tausend Hexen alles dasjenige bekannt, was Carpzov* [...] erzählt, so kann doch jeder mit Händen greifen, dass solches nicht freiwillig von ihnen bekannt, sondern, dass es alles, teils von den Richtern unterstellt, teils durch die entsetzlichen **Martern** gezwungen worden [...].

Christian Thomasius, Vom Laster der Zauberei, Über die Hexenprozesse. Herausgegeben und überarbeitet von Rolf Lieberwirth, Nachdruck München 1986, S. 85 und 87, vereinfacht und gekürzt, Hervorhebungen S. H.

* sächsischer Jurist, der die Hexenprozesse verteidigte

1. Formuliere die Regeln von René Descartes in vier einfache Sätze um.
2. Finde Beispiele dafür, wo die Grundsätze von Descartes heute eine Rolle spielen (z. B. aus verschiedenen Unterrichtsfächern oder aus deinem Alltag).
3. Fasse die Ziele und Ideale der Aufklärer (M15-17) zusammen und beurteile, ob sie heute noch Gültigkeit haben.
4. Erarbeite, was Thomasius an den Hexenprozessen kritisiert.
5. Beurteile, ob man Christian Thomasius als einen frühen Vertreter der Aufklärung bezeichnen kann.

Aufklärung und Herrschaft – Ändert die Aufklärung auch die Politik?

M19 Reform des Schulwesens – *Edikt* des preußischen Königs Friedrich Wilhelm I.

Von Gottes Gnaden Friedrich Wilhelm, König in Preußen, Markgraf zu Brandenburg, des Heiligen Römischen Reiches **Erzkämmerer** und **Kurfürst.**

Wir vernehmen missfällig und es wird verschiedentlich von den **Inspektoren** und Predigern bei uns geklagt, dass die Eltern, besonders auf dem Lande, in (der) Schickung ihrer Kinder in die Schule sich sehr **säumig** erzeigen, und dadurch die arme Jugend in große(r) Unwissenheit, sowohl was das Lesen, Schreiben und Rechnen betrifft, als auch in denen zu ihrem Heil und (ihrer) Seeligkeit dienenden [...] Werken aufwachsen lassen. Weshalb Wir um diesem höchst verderblichen Übel [...] abzuhelfen in Gnaden beschlossen haben, dieses unser Generaledikt ergehen zu lassen. Und darin [...] zu verordnen, dass künftig an den Orten, wo Schulen sind, die Eltern bei nachdrücklicher Strafe gehalten sein sollen, Ihre Kinder gegen zwei Dreier* wöchentliches Schulgeld von einem jeden Kinde in die Schule zu schicken: Im Winter täglich und im Sommer (je nachdem) wann die Eltern die Kinder bei ihrer Wirtschaft benötigen, mindestens ein oder zweimal die Woche, damit sie dasjenige, was im Winter erlernt worden ist, nicht gänzlich vergessen mögen.

Falls aber die Eltern das Vermögen nicht haben, so wollen Wir, dass solche zwei Dreier aus jeden Orts **Almosen** bezahlt werden sollen. Dann wollen und befehlen Wir auch [...], dass hierfür die Prediger, besonders auf dem Lande alle Sonntage nachmittags die Katechesen mit ihren Gemeinden unbedingt halten sollen. [...] So geschieht unser allergnädigster Wille, und Wir sind Euch mit Gnaden gewogen.

Gegeben (zu) Berlin, d. 28. September 1717. Auf seiner königlichen Majestät allergnädigsten Special-Befehl.

Von Dohnhoff, Ilgen, v. Blaspiel, v. Plotho

Verordnung Friedrich Wilhelms I. Nr. 47. „Verordnung, dass die Eltern ihre Kinder zur Schule und die Prediger ihre Katechisationes halten sollen" vom 28. September 1717, gekürzt, vereinfacht und an die aktuelle Rechtschreibung und Grammatik angepasst, S. H.

* Drei Pfennig: Ein Taler entsprach 96 Dreiern. Du kannst errechnen, was das Schulgeld für eine Familie mit ca. 40 Talern Jahreseinkommen und vier Kindern bedeuten würde. (Einen Gegenwert in Euro zu ermitteln ist äußerst problematisch, weil man zu wenig über die Preise und Löhne der Zeit weiß.)

M20 Beurteiliung des Ediktes in der Gegenwart

*Zum 300. Jahrestag des Ediktes erinnert der Deutschlandfunk in der **Rubrik** „Kalenderblatt":*

[...] Man findet ähnliche Bestimmungen bereits in einigen Fürstentümern, aber wegen der politischen Bedeutung Preußens gehört dieses Edikt zu den **Meilensteinen** deutscher **Bildungsgeschichte**. Wirklich durchsetzen kann Friedrich Wilhelm I. eine allgemeine Schulpflicht allerdings nicht: Viele Bauern weigern sich [...], ihre Kinder zum Unterricht zu schicken, weil sie dann als Arbeitskräfte fehlen. Außerdem mangelt es an Schulen und die vorhandenen sind in einem erbärmlichen Zustand, [...] Es gibt auch noch gar keine richtigen Lehrer im frühen 18. Jahrhundert. Traditionell **fungiert** der Küster des Dorfes als Schulmeister. Auf Anordnung des Königs werden zwar zusätzlich Handwerker, Tagelöhner oder **abgedankte** Soldaten zur Lehrtätigkeit verpflichtet. die aber beherrschen die Fächer Religion, Lesen, Schreiben und Rechnen oft selbst eher schlecht als recht. Und sie werden nicht bezahlt.

Das Edikt von Friedrich Wilhelm I. zeigt in der Praxis nur wenig Wirkung. Aber es bildet den Kern für das Generallandschulreglement, das sein Sohn Friedrich II. 1763 erlässt. Es sieht [...] eine Schulpflicht von acht statt sechs Jahren vor. Der Unterricht soll regelmäßig je drei Stunden vor- und nachmittags stattfinden, nach einem festen Lehrplan und mit ordentlich ausgebildeten Lehrern. [...] Noch Anfang des 19. Jahrhunderts gehen nur knapp 60 Prozent der Kinder regelmäßig zum Unterricht. Das bessert sich erst, als die Kinderarbeit gesetzlich verboten wird. [...]

Andrea Westhoff, Einführung der Schulpflicht in Preußen. Zur Bildung guter Untertanen, in: Deutschlandfunk, Kalenderblatt, 28.09.2017. https://www.deutschlandfunk.de/kalenderblatt.870.de.htmlam 20.07.2018 (zuletzt abgerufen: 20.7.2018)

1. Erarbeite die Motive Friedrich Wilhelms I. zur Einführung einer allgemeinen Schulpflicht. (Zusatz: Übersetze sie in modernes Deutsch.)
2. Überlege, wie die Schulpflicht dem Herrscher darüber hinaus nützen könnte (vgl. Modul A).
3. Beurteile, ob es sich bei dem Schuledikt um eine Maßnahme im Sinne der Aufklärung handelte.
4. Arbeite heraus, zu welchem Urteil die Autorin des Textes in M20 gelangt. Erkläre, warum Urteile über historische Ereignisse unterschiedlich ausfallen können.

M21 Friedrich II. über seine Religionspolitik

Friedrich II. gilt als Vertreter eines „aufgeklärten Absolutismus". Im Gegensatz zu Ludwig XIV. war der protestantische Friedrich II. in religiösen Dingen scheinbar ***tolerant****: In Preußen konnten sich Glaubensflüchtlinge ansiedeln, z. B. die Hugenotten. Oft waren diese Menschen auch gut ausgebildete Fachkräfte.*

Katholiken, Lutheraner, Reformierte. Juden und zahlreiche andere christliche Sekten* wohnen in meinem Staate und leben friedlich beieinander. Wenn der Herrscher aus falschem Eifer auf den Einfall käme, eine dieser Religionen zu bevorzugen, so würden sich sofort Parteien bilden und heftige Streitereien ausbrechen.

Allmählich würden Verfolgungen beginnen, und schließlich würden die Anhänger der verfolgten Religion ihr Vaterland verlassen, und Tausende von Untertanen würden unsere Nachbarn mit ihrem Gewerbefleiß bereichern und deren Volkszahl vermehren. Für die Politik ist es völlig belanglos, ob ein Herrscher religiös ist oder nicht. Geht man allen Religionen auf den Grund, so beruhen sie auf einem mehr oder minder **widersinnigen** System von Fabeln. Ein Mensch von gesundem Verstand, der diese Dinge kritisch untersucht, muss **unfehlbar** ihre Verkehrtheit erkennen. Aber diese Vorurteile sind für die Menschen gemacht und man muss auf die große Masse so weit Rücksicht nehmen, dass man ihre religiösen Gefühle nicht verletzt, einerlei, welchem Glauben sie angehören.

Die Juden sind von allen diesen Sekten die gefährlichsten, denn sie schädigen den Handel der Christen. Wir haben die Juden zwar wegen des **Kleinhandels** mit Polen nötig, aber wir müssen verhindern, dass sie sich vermehren. Sie dürfen nicht nur eine gewisse Zahl von Familien, sondern auch eine gewisse **Kopfzahl** nicht überschreiten. Wir müssen ihren Handel einschränken, indem wir sie vom Großhandel fernhalten und ihnen nur den Kleinhandel gestatten. Ich bin gewissermaßen der Papst der Lutheraner und das kirchliche Oberhaupt der Reformierten. Ich ernenne Prediger und fordere von ihnen nur **Sittenreinheit** und Versöhnlichkeit. Ich erteile Ehe**dispense** und bin in diesem Punkte sehr nachsichtig, da die Ehe im Grunde nur ein bürgerlicher Vertrag ist, der gelöst werden kann, sobald beide Parteien damit einverstanden sind. Alle anderen christlichen Sekten werden in Preußen geduldet. [...] Ich suche, gute Freundschaft mit dem Papst zu halten, um dadurch die Katholiken zu gewinnen und ihnen begreiflich zu machen, dass die Politik der Fürsten die gleiche bleibt, auch wenn die Religion, zu der sie sich bekennen, verschieden ist.

Text: Friedrich II., Politisches Testament von 1752. Aus dem Französischen übertragen von Friedrich von Oppeln-Bronikowski, Berlin 1922; S. 35 f., gekürzt, Hervorhebungen S. H.
Bild: Anton Graff: Porträt des Friedrich II., Öl auf Leinwand, 1781

* hier zu verstehen als Religion

1. Erarbeite, welche Begründungen Friedrich II. für seinen Umgang mit Religionen und Konfessionen anführt.
2. Zeige, worin der Herrschaftsanspruch eines absoluten Herrschers deutlich wird und an welchen Stellen sich Haltungen zeigen, die den Idealen der Aufklärung entsprechen könnten.
3. Nimm Stellung dazu, ob Friedrich II. ein aufgeklärter Herrscher war. Beziehe hierzu auch M6 und M8 ein.

Träger und Medien der Aufklärung – Wie verbreiteten sich die Gedanken der Aufklärung?

M22 Ludwig XIV. und weitere Förderer besuchen die königliche Akademie der Wissenschaften

Ludwig XIV. (hier mit federbesetztem Hut), Minister Colbert (rechts daneben) und weitere ***Mäzenaten*** *förderten die Einrichtung von insgesamt fünf königlichen Akademien, an denen Gelehrte der Zeit wirken und forschen konnten.*

Radierung von Sebastién Leclerc I., 1671

1. Beschreibe das Bild und beschrifte die Instrumente und Gegenstände, die du kennst. Erkläre, für welche Disziplinen (Arbeitsgebiete) sie stehen. Beachte auch den Hintergrund. Tragt eure Beschriftungen zusammen.
2. Beurteile, welchen Nutzen Ludwig XIV. von der Einrichtung und Förderung einer Akademie der Wissenschaften erwartete und umgekehrt. Du kannst hierzu auch das Modul A zu Rate ziehen. (Alternative: Entwirf Sprech- und Denkblasen für diese Szene: Was könnte z. B. der König zu Colbert sagen? Welche Fragen werden gestellt?)

Auch außerhalb von Universitäten und Akademien wurden aufgeklärte Gedanken diskutiert und weitergetragen. Dabei spielten zum Beispiel Lesegesellschaften (M23) und Salons (M24) eine Rolle. In literarischen, künstlerischen oder politischen Salons trafen sich Menschen privat und diskutierten über Politik und Kunst. Häufig nahmen angesehene Gelehrte daran teil. Die Gastgeberinnen waren in der Regel adelige Frauen, nach denen die Salons auch ihren Namen hatten.

M23 Auszüge aus dem Stichwort „Lesegesellschaft" aus einer Enzyklopädie

Lesegesellschaft ist eine gewisse Anzahl Personen, welche sich verbunden haben, gewisse Bücher und Schriften zu lesen. Es gibt verschiedene Einrichtungen [...] es gibt einige, wo jedes Mitglied z. B. ein **Journal** oder ein Buch hat, und dieses [...] rund gehen lässt, andere wieder, wo auf's Jahr ein gewisses Geld bezahlt wird, wofür einer aus der Gesellschaft Bücher oder Journale anschafft, und diese gehen dann in einer bestimmten Zeit in der Gesellschaft herum. Sowohl in den Städten als auch auf dem Lande trifft man nun schon Lesegesellschaften an und es ist dieses das beste Mittel, **wohlfeil** mit der neueren Literatur fortzurücken, da es manches Einzelnen Vermögen weit übersteigen würde, wenn er sich das allein anschaffen sollte, welches er nun durch Hilfe anderer erhält. Die Lesegesellschaften unterscheiden sich voneinander noch auf verschiedene Weise; teils schränken sie sich nur auf gewisse Fächer ein, [...] teils sind die Schriften vermischten und verschiedenen Inhalts, und es nehmen verschiedene Stände Teil daran.

J. G. Krünitz, Ökonomisch-technologische Encyklopädie, Berlin 1799, S. 278-279. Zit. nach: Rosel Müller, Von Patrioten, Jakobinern und anderen Lesehungrigen. Lesegesellschaften der „Inteligens"-Stadt Marburg, Marburg 1990, S. 13, gekürzt und vereinfacht, Hervorhebungen S. H.

M24 Abendgesellschaft bei Anna Amalia Herzogin von Sachsen-Weimar-Eisenach

Die Personen von links nach rechts nach der Beschriftung im Original: 1. Hofrath H. Meyer. 2. Frau v. Fritsch geb. v. Wolffskeel. 3. J. W. v. Goethe. 4. F. v. Einsiedel. 5. Herzogin Anna Amalia. 6. Frl. Elise Gore. 7. Charles Gore. 8. Frl. Emilie Gore. 9. Frl. von Göchhausen. 10. Praes. von Herder

Zeichnung von Georg Melchior Kraus, um 1795

1. Erläutere, worin der Autor des Textes den Nutzen der Lesegesellschaften sieht.
2. Erkläre, was die Tatsache aussagt, dass es in einer Enzyklopädie überhaupt ein Stichwort zum Thema „Lesegesellschaften" gibt.
3. Beschreibe die Szene in M24. Überlege, was die Gesellschaft im Anschluss an diese Szene getan haben könnte. (Zusatz: Informiert euch arbeitsteilig über einzelne abgebildete Personen (z. B. Johann Wolfgang v. Goethe, Anna Amalia von Sachsen- Weimar, Johann Gottfried Herder), ihre Tätigkeit und Bedeutung.)
4. Informiere dich über die erste Enzyklopädie, die in Frankreich begonnen wurde. Fasse die Ziele ihrer Verfasser zusammen. (Zusatz: Untersuche, ob heutige Projekte wie „Wikipedia" oder das „Projekt Gutenberg" die gleichen Ziele verfolgen.)
5. Trage alle Verbreitungswege des Wissens und der Aufklärung, die in den Darstellungen und Quellen dieses Moduls zu finden sind, in einer Mindmap zusammen.

Aufklärung und Pädagogik – Wie sollten Bildung und Erziehung verbessert werden?

M25 Auszug aus Johann Bernhard Basedows Schrift „Das in Dessau errichtete Philantropinum"

Johann Bernhard Basedow (1724-1790) war Pädagoge, Schriftsteller und ***Philantrop****. Er durfte eine Schule errichten, in der er nach seinen Grundsätzen vorgehen konnte: das Philantropinum in Dessau, das heute noch existiert. In seiner Schrift über diese Schule machte er auch Vorschläge zur Verbesserung des Schulwesens.*

Ein ganzes Land voll Schulen plötzlich zu bessern! Ein ungeheures Projekt! Mit Verordnungen und **Statuten** ist wenig getan, wenn man sie auch mit den großen Namen Theresens und Josephs, Katharinens oder Friedrichs* besiegelt. Sterbliche, wer ihr auch seid, befehlt einmal, dass die Blinden sehen, die Lahmen gehen! Jene bleiben blind und diese lahm. Und was so fern von der Vollkommenheit ist, als der Menschen moralische und literarische Erziehung; das wird nicht nach einem Formulare verbessert, welches des Wohlstands wegen Jahre lang gültig sein muss, weil es eine Majestät unterschrieb.

Jährlich und täglich beobachtet, versucht, gut befunden, beschlossen, von Stück zu Stück! So projektiert (plant) die Vernunft. Aber das darf der Minister und sein Ratgeber nicht sagen. Dies weidet (freut) nicht die Augen der Herrschaft; auch kann die **Ruhmtrompete nicht früh genug erschallen**.

Langsam, langsam vorwärts. Etwas wieder zurück, um auszubeugen**, dann wieder mehr vorwärts! Das wäre der einzige Weg mancher Glückseligkeiten.

Johann Bernhard Basedow: Das in Dessau errichtete Philantropinum, Leipzig 1774, S. 15, gekürzt, Hervorhebungen und Erläuterungen S. H.

* Es sind europäische Herrscher gemeint. Du kannst selbst herausfinden, welche es sind. Das Erscheinungsjahr des Textes hilft dir.

** hier: nachzubessern

M26 Jean-Jaques Rousseau: Auszug aus den Grundgedanken über die Erziehung in seinem Hauptwerk „Émile oder über die Erziehung"

Jean-Jaques Rousseau (1712-1778) war ein Genfer Schriftsteller, Philosoph, Pädagoge und Naturforscher.

[...] In der natürlichen Ordnung sind alle Menschen gleich. Ihre gemeinsame Berufung ist: Mensch zu sein. Wer dafür gut erzogen ist, kann jeden Beruf, der damit in Beziehung steht, nicht schlecht versehen (ausüben). Ob mein Schüler Soldat, Priester oder Anwalt wird, ist mir einerlei. Vor der Berufswahl der Eltern bestimmt ihn die Natur zum Menschen. Leben ist ein Beruf, den ich ihn lehren will. Ich gebe zu, dass er, wenn er aus meinen Händen kommt, weder Anwalt noch Soldat noch Priester sein wird, sondern in erster Linie Mensch! Alles, was ein Mensch zu sein hat, wird er genauso sein, wie jeder andere auch; und wenn das Schicksal ihn zwingt, seinen Platz zu wechseln, er wird immer an seinem Platz sein. [...]

Jean-Jaques Rousseau, Emile oder über die Erziehung, Stuttgart 13. Auflage 2003, S. 14, gekürzt: S. H.

1. Erarbeite, welches Vorgehen Basedow zur Verbesserung und Entwicklung des Schulwesens vorschlägt. Erkläre,was seiner Meinung nach nicht hilfreich ist.
2. Erarbeite das Erziehungsideal Rousseaus.
3. Überlege, wie eine „Erziehung zum Leben" konkret aussehen könnte, bei der es nicht um die Befähigung zu bestimmten Berufen geht.
4. Bis zur Aufklärung war die Pädagogik Sache der Theologen. Überlege, welchen Grundsätzen Erziehung und Bildung in dieser Zeit folgten.
5. Beurteile, ob die Ziele Rousseaus sinnvoll sind. Vergleiche mit den Zielen heutiger Pädagogik.
6. Überlege, warum die Pädagogik den Aufklärern so wichtig war.

Vorschläge zur Differenzierung und Weiterarbeit

Projektvorschläge (Recherche, Geschichtskultur, Handlungsorientierung)

1. Recherchiert arbeitsteilig weitere Pädagogen der Aufklärung (z. B. Comenius, Pestalozzi, Salzmann).
2. Untersucht, welche Grundsätze und Ziele sie verfolgten und welche Wirkung von ihnen ausging.
3. Entwerft eine zeitgemäße Würdigung der Pädagogen der Aufklärung, z. B. eine Bildgeschichte als Videoclip.
4. Recherchiert, wo es in der Nähe eures Wohnortes Zeugnisse des Barock gibt. Das können Schlösser, Gärten, Kirchen oder auch barocke Wohnhäuser sein. Findet an ihnen typische Merkmale des Barock wieder und dokumentiert sie. Was könnt Ihr über die Erbauer/Auftraggeber herausfinden?

Gegenwartsbezüge/Diskussion und Recherche

1. Heute sind im Internet viele Inhalte frei zugänglich und eine breite Masse von Menschen kann sie produzieren und konsumieren. Man spricht auch von einer „Informationsgesellschaft". Überlegt Vor- und Nachteile dieser Entwicklung. Wie wird unsere Welt dadurch verändert? Ist das Internet ein Ort der Aufklärung?
2. Auf der Website „Hanisauland" finden sich Tipps für Jugendliche, die dabei helfen sollen „FakeNews" zu erkennen. Inwieweit haben die Tipps etwas mit Aufklärung zu tun?

Verknüpfung/Zusammenfassung/Visualisierung

1. Gestaltet aus den Informationen des Heftes eine Zeitleiste zu Absolutismus und/oder Aufklärung (neben Ereignissen können Personen, Bauwerke, Orte und Institutionen dabei eine Rolle spielen).

Transfer (Sekundarstufe II)

M27 Gelten die Werte der Aufklärung bis heute?

Der Philosoph Jürgen Habermas fragte 1981:

Die Denker der Aufklärung hatten noch die hochgesteckte Erwartung, dass die Künste und Wissenschaften nicht nur die Beherrschung der Naturkräfte, sondern auch die Erkenntnis der Welt und des Ich befördern würden; dass sie den moralischen Fortschritt, die Gerechtigkeit der Institutionen und sogar das Glück der Menschen befördern würden. Das 20. Jahrhundert hat diesen Optimismus zunichte gemacht. Sollten wir versuchen, an den Intentionen der Aufklärung festzuhalten, so schwach sie auch sein mögen, oder sollten wir das gesamte Projekt der Moderne für eine verlorene Sache erklären?

Jürgen Habermas, „Moderne versus Postmoderne". In: New Left Critique, 22 (Winter 1981). Zit. nach: Lloyd Spencer, Andrzej Krauze, Die Aufklärung. Ein Sachcomic, Überlingen 2012, S. 173

1. Überlege, was Jürgen Habermas damit meint, dass das 20. Jahrhundert „diesen Optimismus zunichte gemacht" hat.
2. Nimm Stellung zu seiner Frage am Ende des Zitats.
3. Erkläre, wie ein Festhalten „an den Intentionen der Aufklärung" heute aussehen könnte.

Vorschlag für eine Lernkontrolle Sekundarstufe I

M Friedrich II. über die Regierung

Ich glaube, es ist für einen Herrscher ebenso wenig ratsam, geizig wie verschwenderisch zu sein. Er soll vielmehr sparsam und freigiebig sein. Sparsam, weil er die Güter des Staates verwaltet, weil das Geld das er empfängt, Blut und Schweiß des Volkes ist und er es zum Besten des ganzen Staatskörpers verwenden muss.

Trägheit, Vergnügungssucht und Dummheit: diese drei Ursachen hindern die Fürsten an ihrem edlen Berufe, für das Glück ihrer Völker zu wirken. [...]

Der Herrscher ist nicht zu seinem hohen Rang erhoben, man hat ihm nicht die höchste Macht anvertraut, damit er in Verweichlichung dahinlebe, sich vom Mark des Volkes mäste und glücklich sei, während alles darbt. Der Herrscher ist der erste Diener des Staates. Er wird gut besoldet, damit er die Würde seiner Stellung aufrechterhalte.

Man fordert aber von ihm, dass er werktätig für das Wohl des Staates arbeite und wenigstens die Hauptgeschäfte mit Sorgfalt leite. Er braucht zweifellos Gehilfen. Die Bearbeitung der Einzelheiten wäre zu umfangreich für ihn. Aber er muss ein offenes Ohr für alle Klagen haben, [...].

Friedrich der Große, Politisches Testament von 1752. Aus dem Französischen übertragen von Friedrich von Oppeln-Bronikowski, Berlin 1922; S. 42, gekürzt: S. H.

1. Benenne drei Ideale der Aufklärung.
2. Quellenarbeit: Formuliere in eigenen Worten, wo im Quellentext deutlich wird,
   a) wie Friedrich II. seine Haltung zu Vergnügungssucht und Verschwendung begründet.
   b) ein Befürworter der Aufklärung ist.
3. Erkläre, wie Ludwig XIV. die „Vergnügungssucht" für seine Herrschaft nutzte. Benenne drei weitere „Säulen" seiner Herrschaft.
4. „Ludwig XIV. hat in Frankreich uneingeschränkt geherrscht". Stimmst du dieser Aussage zu? Begründe ausführlich.
   ODER:
5. Im Unterricht hast du einiges über Friedrich II. erfahren. Hat er tatsächlich „für das Glück" seines Volkes regiert? Finde Argumente dafür und dagegen.

Erwartete Schülerleistung in Stichworten

1. Toleranz, Vernunft, Mündigkeit

2. a) Ein Herrscher muss verantwortungsvoll mit dem vom Volk kommenden Geld umgehen und für Kriegszeiten sparen. Friedrich II. sieht den Herrscher als jemanden, der für seine Leistung am Staat bezahlt wird. Diese Aufgabe erfüllt er nicht gut, wenn er sich vergnügt und Geld verschwendet. b) Vor allem die Werte „Vernunft" und „Mündigkeit" werden angesprochen, wenn Friedrich II. von verantwortungsvoller und sorgfältiger Leitung der Staatsgeschäfte spricht. Direkt angeprangert werden dagegen Trägheit und Dummheit.

3. Hofleben/Hofadel: Bindung des Hofadels zum einen durch finanzielle Abhängigkeit einiger Adliger, zum anderen durch „Ablenkung" bei Opern, Bällen, Festen, Jagden. Dadurch Kontrolle über den Adel einerseits und Repräsentation der Herrschaft nach außen andererseits. Weitere „Säulen": Militär (stehendes Heer), Verwaltung, Kirche, Wirtschaftspolitik/Merkantilismus

4. Pro: eigener Anspruch, uneingeschränkt zu regieren und so wahrgenommen zu werden (vgl. Memoiren: keine Neubesetzung des Premierministers, Herrschergemälde); Pro: Aufbau einer Verwaltung und Bindung des Hofadels ↔ Contra: Gewicht der Parlements und der Provinzialstände; Pro: Schaffung einer einheitlichen Konfession/Staatskirche ↔ Contra: keine Unabhängigkeit vom Papst und weiterhin bestehen anderer Konfessionen; Von uneingeschränkter Herrschaft kann also nicht gesprochen werden. Der Anspruch bestand seitens des Herrschers, die Umsetzung gelang aber nicht uneingeschränkt.

5. Pro: Herrschaft Friedrichs II. war weniger von Prunk und Repräsentation geprägt/eigenes Herrschaftsverständnis war (zumindest scheinbar) ein anderes: der Herrscher als Dienstleister am Staat ↔ Contra: (v. a.) kriegerische Ziele Friedrichs II. dienten dem preußischen Staat in seinem Hegemoniestreben, nicht aber den Untertanen: rücksichtslose Umsetzung „preußischer Tugenden" in der Armee/Rekrutierungen; Pro: Friedrich II. beanspruchte nicht Kirche/Religion als Machtinstrument → freie Religionsausübung für seine Untertanen ↔ Contra: Friedrich ging es hierbei aber nicht um das Glück seines Volkes, sondern um den wirtschaftlichen Nutzen.

Literatur und Quellen

Fachliteratur

Heinz Duchhardt, Barock und Aufklärung, 4., neu bearbeitete und erweiterte Ausgabe des Bandes „Absolutismus", München 2007:1

Heinz Duchhardt, Der Sonne gleich? Absolutismus und Absolutismusdiskussion, in: Praxis Geschichte 4/2007:2, S. 4-8

Steffen Martus, Aufklärung. Das deutsche 18. Jahrhundert. Ein Epochenbild, Berlin 2015

Helmut Neuhaus (Hg.), Zeitalter des Absolutismus 1648-1789 (Deutsche Geschichte in Quellen und Darstellung, Bd. 5), Stuttgart 1997

Werner Schneiders, Das Zeitalter der Aufklärung, München 1997

Martin Wrede, Absolutismus. Enzyklopädie der Neuzeit Online. Herausgegeben von Friedrich Jaeger. Brill, 2016. http://referenceworks.brillonline.com/entries/enzyklopaedie-der-neuzeit/absolutismus-a0017000 (zuletzt abgerufen: 18.6.2018)

Quellen/Quellensammlungen

Ehrhard Bahr, (Hg.) Was ist Aufklärung? Thesen und Definitionen, Stuttgart 1974

Johann Bernhard Basedow, Das in Dessau errichtete Philantropinum, Leipzig 1774, S. 15. http://www.deutschestextarchiv.de/book/view/basedow_philanthropinum_1774?p=19 (zuletzt abgerufen: 18.6.2018)

René Descartes, Abhandlung über die Methode des richtigen Vernunftgebrauchs und der wissenschaftlichen Wahrheitsforschung. Ins Deutsche übertragen von Kuno Fischer, Stuttgart 1961

Friedrich der Große, Politisches Testament von 1752. Aus dem Französischen übertragen von Friedrich von Oppeln-Bronikowski, Berlin 1922

Thomas Hobbes, Leviathan. 1. und 2. Teil. Übersetzung von Jacob Peter Mayer, Stuttgart 1970

Helmuth Kiesel (Hg.), Briefe der Liselotte von der Pfalz. Herausgegeben und eingeleitet von Helmuth Kiesel, Frankfurt/M. 1981

Ricardo Krebs, Der Europäische Absolutismus, Stuttgart 4., grundlegend neu bearbeitete Auflage 1978

Rosel Müller, Von Patrioten, Jakobinern und anderen Lesehungrigen. Lesegesellschaften der „Inteligens"-Stadt Marburg, Marburg 1990

Jean-Jaques Rousseau, Emile oder über die Erziehung, Stuttgart 13. Auflage 2003

Christian Thomasius, Vom Laster der Zauberei, Über die Hexenprozesse. Herausgegeben und überarbeitet von Rolf Lieberwirth, Nachdruck München 1986

Verordnung Friedrich Wilhelms I. Nr. 47. „Verordnung, dass die Eltern ihre Kinder zur Schule und die Prediger ihre Katechisationes halten sollen" vom 28. September 1717. http://www.kinderzeitmaschine.de/neuzeit/lucys-wissensbox/kategorie/alltag-zwischen-vernunft-und-hexenwahn/frage/endlich-schule.html?no_cache=1&ht=6&ut1=115 (zuletzt abgerufen: 18.6.2018)

Andrea Westhoff, Einführung der Schulpflicht in Preußen. Zur Bildung guter Untertanen, in: Deutschlandfunk, Kalenderblatt, 28.09.2017. https://www.deutschlandfunk.de/kalenderblatt.870.de.htmlam 20.07.2018 (zuletzt abgerufen: 20.7.2018)

Didaktisches Material

Geschichte lernen 90/2002 – Aufklärung

Geschichte lernen 132/2009 – Absolute Herrscher?

Praxis Geschichte 4/2007 – Der absolute Monarch (Lernen an Stationen)

Praxis Geschichte 5/2014 – Aufklärung – Aufbruch in die Moderne?